DISCOURS

PRONONCÉ

DANS L'ÉGLISE DE FLEURAC

à l'occasion du service solennel célébré pour

M. ARTHUR DE VEAUX

CAPITAINE AUX ZOUAVES PONTIFICAUX

tué au combat de MENTANA, le 3 novembre 1867.

Par le T. R. Père AMBROISE DE BERGERAC

Des Frères Mineurs capucins,

EX-DÉFINITEUR MISSIONNAIRE APOSTOLIQUE.

SE VEND AU PROFIT DU DENIER DE SAINT-PIERRE.

PÉRIGUEUX

CHEZ J. BOUNET, IMPRIMEUR-LIBRAIRE,

COURS MICHEL-MONTAIGNE, 24.

1867.

Avec la Permission des Supérieurs.

———

IMPRIMATUR :

† N. JOSEPH,

Évêque de Périgueux et de Sarlat.

$\dagger$

M. ARTHUR DE VEAUX.

Planxerunt et fleverunt super Jonatham. Ils s'aban-
donnèrent au deuil et aux larmes à cause de la mort
de Jonathas. II. Reg. C. 1.

Jonathas était l'ami, le frère d'armes du saint roi
David, *anima Jonathæ conglutinata est animæ David
et dilexit eum Jonathas quasi animam suam*. L'âme
de Jonathas s'attacha étroitement à celle de David,
et il l'aima comme lui-même. Aussi David fut-il brisé
de douleur en apprenant la mort de Jonathas. Quel
est celui d'entre nous, Messieurs, dont l'âme ne se
soit attristée en apprenant la mort glorieuse du
jeune et vaillant officier que ses nobles sœurs déso-
lées pleurent aujourd'hui au pied des saints autels.

Mais pourquoi voudrais-je en ce jour troubler le
silence de la tombe en élevant la voix au milieu de
cette pieuse assemblée? Pourquoi viendrais-je l'arra-
cher à son recueillement et suspendre le chant des
cantiques sacrés dont retentit la maison du Seigneur?
Aurais-je donc la hardiesse d'entreprendre l'oraison
funèbre de celui que nous pleurons ? Est-ce que son
éloge n'est pas sur toutes les lèvres et au fond de
tous les cœurs ? Non, ce n'est point là mon dessein ;
mais Dieu m'envoie pour consoler ceux qui pleurent,
misit me Dominus ut consolarer omnes lugentes, et
il me charge de leur dire : vous le croyez mort, et
il vit, *quasi morientes, et ecce vivimus.*

Pour remplir plus efficacement ma mission, je

veux, pendant quelques instants, vous parler de la foi et du dévoûment de ce glorieux enfant du Périgord ; puis je vous dirai les joies et les larmes de l'Eglise. C'est tout mon sujet.

Ier Point. — Soins intelligents et dévoués, éducation pieuse et solidement chrétienne, études sagement réglées, direction éclairée, rien ne manqua à l'enfance et à la jeunesse d'Arthur de Veaux pour développer dans son âme l'amour de la vertu et les plus nobles instincts.

Un séjour de trois années à Paris, cette vaste et populeuse cité, où la jeunesse est entourée de tant d'écueils et exposée à tous les genres de séductions, ne put porter atteinte ni à sa foi, ni à ses mœurs. Il sortit intact de cette grande et dangereuse épreuve.

Sa vie s'écoulait tranquille et heureuse au foyer domestique, lorsque tout-à-coup retentit à son oreille le cri de détresse jeté au monde par le Père commun des fidèles : *L'Eglise est en péril !* Son cœur aimant et dévoué en fut profondément ému, et il se dit à part lui : *Je serai le soldat du Pape, le défenseur volontaire de ma mère la sainte Eglise romaine.*

Deux sentiments, néanmoins, se livraient en son âme de rudes assauts. Plein de foi et d'amour, ce jeune chrétien, à l'égal des croisés du moyen-âge, veut s'armer pour la défense du Vicaire de Jésus-Christ, qui, seul, dans son humble majesté, soutient et représente le droit. Là, à ses côtés, pleure en silence, sans s'opposer à son généreux dessein, la pieuse mère que le ciel lui a donnée ; il l'aime, il la vénère, ses larmes le confondent et le brisent ; mais, dans ces deux cœurs si bien faits pour se comprendre, la foi l'emporte, et le sacrifice est résolu.

D'autres affections vives et pures comme son cœur l'enchaînaient encore à la terre où reposa son berceau ; il sait en triompher ; la douleur dans l'âme, le sourire sur les lèvres, il dit un dernier adieu à ses sœurs chéries, à ses frères et à leurs jeunes enfants. Les vœux et la tendre affection d'un oncle vénéré l'accompagnent sur la terre étrangère, et jamais il n'oubliera tout ce qu'il a admiré de gracieux, d'aimable et de chevaleresque dans les mœurs et les habitudes de ce digne vieillard.

Ne croyez pas, Messieurs, qu'Arthur de Veaux se soit jamais préoccupé de ce que le monde pourrait dire de sa détermination ; il ne livrera point son nom à la publicité, il ne se fera point un piédestal de son dévoûment, il accomplit et consomma cet acte de sublime abnégation avec la douce et gracieuse simplicité dont il ne se départit jamais.

Alerte et joyeux, à peine exercé dans le maniement des armes, il allait aux frontières des états romains, menacées par d'injustes et sacrilèges envahisseurs, et il se battait à Castelfidardo avec un entrain admirable contre les innombrables soldats d'un royaume naissant et usurpateur. Les honneurs de la victoire restèrent aux invincibles défenseurs du bon droit, aux zouaves pontificaux ; les vaincus recueillirent les fruits et les dépouilles du combat ; ils étaient quinze contre un.

Arthur de Veaux a conquis l'épaulette sur le champ de bataille ; il la reçoit à son retour de la captivité. Plusieurs années s'écoulent ensuite dans une pénible inaction dont il supporte généreusement la monotonie et les ennuis. Deux fois il vient en France réparer ses forces sous la bienfaisante action de l'air natal, et, dans son dernier voyage, nous le trouvons au chevet de sa pieuse mère expirante ; il reçoit son dernier soupir, rend à sa dépouille mortelle tous les devoirs de la piété filiale, et songe aussitôt à retourner au poste d'honneur qu'il occupe dans la Ville éternelle. Cependant la Péninsule italique retentit d'effroyables clameurs. Mort aux prêtres ! Mort au Pontife de Rome ! Plantons sur le Capitole le drapeau sanglant de la Révolution ! Rome ou la mort ! Tel est le cri sauvage des hordes barbares groupées autour de Garibaldi. L'horizon politique se charge de sombres nuages ; l'orage menaçant gronde sur la tête de Pie IX, Pontife et Roi ; la tempête va bientôt éclater ; Arthur de Veaux, devenu capitaine, est à son poste, prêt à voler partout où l'honneur et le danger l'appellent.

A Bagnorea, il se bat en héros, excite l'admiration, enflamme le courage de ses compagnons d'armes et révèle une incroyable aptitude pour le métier de la guerre. Il fut grand et fort au temps du repos, il est plus grand et plus fort au jour du danger. N'est-ce point là, Messieurs, le sublime de la foi et du dévoûment ? Comme les enfants des Machabées, Arthur de Veaux n'est-il pas prêt à mourir pour la défense des saintes lois de la religion, de la famille, de la société et de la céleste patrie ? *Parati sumus mori magis quam patrias Dei leges prævaricari.*

Au récit des luttes héroïques soutenues contre nos Vandales modernes par ces braves enfants du catholicisme, l'esprit se croit transporté à ces âges glorieux où de preux chevaliers se croisaient pour aller à la conquête des saints lieux ou pour exterminer les hordes impies des Albigeois et des Camisards, dont les chemises rouges de Garibaldi ne sont que la triste et lamentable reproduction.

Arthur de Veaux ne rêvait point la gloire des combats ; il était avant tout le soldat du bon droit, le défenseur de ses croyances. Ses grades, il les conquit un à un par sa bravoure, son intelligence, sa bonne tenue et son exactitude dans le service militaire.

Estimé et chéri de ses chefs, aussi bien que de ses subalternes, il n'y avait qu'une voix sur son compte dans le bataillon sacré des zouaves. Il était le frère, l'ami, le conseil et l'appui de tous ceux qui se recommandaient à lui, et il n'avait rien tant à cœur que de leur être utile.

Parfait dans son abnégation, il s'était donné tout entier à la cause sainte de l'Église sans prétendre à aucune compensation. Sa bourse, son cœur et sa vie appartenaient à l'immortel Pie IX, et il ne se douta jamais de la sublimité de son sacrifice, tant il lui semblait simple et naturel d'agir comme il l'avait fait. Content des ressources que lui fournissait sa fortune personnelle, il se suffisait à lui-même et s'estimait heureux de faire la guerre à ses dépens, sans être à charge à l'Église. Dès le jour où il prit rang sous le drapeau pontifical, il voulut plier sa frêle et délicate organisation au rude métier des armes et aux fatigues de la guerre. Oublieux de ses infirmités passagères, il fut toujours à la hauteur de sa position, justifiant ainsi la confiance qu'il avait su inspirer à ses chefs.

Suivant avec attention et anxiété la marche des événements humains, Arthur de Veaux ne se dissimula jamais la gravité ni les périls de la situation ;

et à proportion qu'il voyait s'accroître le danger, son courage et son dévoûment grandissaient encore. Aucune puissance au monde, aucun obstacle n'eut pu le retenir au moment de la ·tempête. Après le combat de Bagnorea, on le croyait retenu dans son campement par une douleur aigüe, et, à la tête de sa brave compagnie, il arrivait à Monte-Libretti pour recevoir une légère égratignure des dernières balles ennemies et relever le corps de son jeune ami de Quélen, tombé glorieusement sur le champ de bataille et couvert de blessures mortelles.

Dites moi, Messieurs, si l'histoire d'aucun empire, si le récit d'aucune guerre peut offrir à l'esprit de plus brillantes épopées? Mais que dis-je? laissons là ces formes d'un langage profane et disons simplement : ce sont les Machabées de la nouvelle alliance, ils ont vaillamment combattu pour l'Église, comme leurs devanciers combattaient pour la synagogue, pour le temple de Sion. Ce sont des martyrs, c'est en dire assez : *Martyres dixi, prædicavi satis.*

Fidèle aux habitudes religieuses de son enfance, Arthur de Veaux ne s'éloigna jamais des saintes pratiques de la foi; il s'en acquitta toujours sans respect humain et sans jactance. C'était l'enfant de l'évangile marchant à la suite du divin Maître sans préoccupation et sans crainte. Il aimait Dieu et il ne savait et ne voulait le dire qu'à lui seul. Admirateur enthousiaste et éclairé des grandes œuvres du catholicisme, il était sans haine et sans mépris pour ses aveugles ennemis. Impitoyable pour les mauvaises doctrines, il savait plaindre leurs victimes et compâtir à leur malheur. Héritier des précieuses qualités de son respectable père, qui, lui aussi, avait été brave entre les braves, il était la vivante reproduction de ces preux chevaliers français des siècles passés; il en avait l'élégance, la distinction, la bienveillance, la douceur, la bravoure, la franchise et la loyauté.

Ami sincère et dévoué, il se prodiguait pour être utile ou agréable à ses compagnons d'armes, et aux heures d'épanchement et de douce familiarité, il ne songeait guère aux épaulettes qui le distançaient des plus simples soldats. C'était le chrétien énergique et ferme dans l'accomplissement de ses devoirs, simple et bienveillant dans les relations de l'amitié.

A la veille du combat, il s'humilie sous la main du prêtre qui l'absout, et, le lendemain avant l'aurore, il court sus à l'ennemi sans s'informer du nombre de ceux qu'il doit combattre. Frappé à mort au moment où il entraîne sa compagnie au cri de *Vive Pie IX!* la balle qui l'atteint droit au cœur met en ses mains la palme glorieuse du martyre; et, je le répète avec admiration et avec douleur, Arthur de Veaux est plus qu'un preux des croisades, il est plus qu'un vaillant soldat, c'est un martyr.

Permettez-moi, Messieurs, d'ajouter un mot sur les joies et les larmes de l'Eglise, ce sera le sujet d'une seconde partie.

IIme Point. — Loin de nous la pensée de porter un regard indiscret et scrutateur sur le champ de la politique humaine, où s'étiolent les plus belles intelligences. Il siérait mal à la majesté de la chaire de la transformer en une tribune aux harangues, où viendraient se heurter les opinions les plus contradictoires et où la vérité les confondrait trop aisément. Laissons à d'autres le soin de flétrir et de stigmatiser les trahisons et les défaillances des potentats de ce monde ; mais admirons avec un religieux enthousiasme le calme et la douce impassibilité du glorieux Pontife qui préside aux destinées de l'Eglise et les joies bien vives que lui fait éprouver le filial dévoûment de ses enfants.

La révolution, monstrueux assemblage de toutes les hérésies passées et présentes, menace les Etats de l'Eglise. Elle soudoie des hordes de volontaires venus des quatre vents, hommes chargés de crimes, peut-être même déjà flétris par la justice de leur pays ; elle dispose d'une armée régulière de trois cent mille soldats. Que deviendra l'épouse de Jésus-Christ ; quelles seront les destinées de l'héritage de saint Pierre ? Quelle digue opposer au torrent dévastateur, à cette lave brûlante qui dévore les peuples et tarit la source de toute prospérité ? Le vicaire de Jésus-Christ, le Pontife-Roi, ne possède aucune armée, il ne veut pas faire peser sur son peuple l'impôt du sang ; mais il fait appel aux hommes de bonne volonté. Sa puissante voix retentit aux extrémités de la terre. O prodige ! de toutes les parties du monde catholique accourent des milliers de défenseurs volontaires, et les roi étonnés voient se former autour du Pontife-Roi de nombreuses phalanges prêtes à mourir pour sa défense.

Ses coffres sont vides, les impôts sont insuffisants pour faire face aux dépenses de son gouvernement et aux besoins de son armée ; comment le glorieux Pontife y pourvoiera-t-il ? Le monde religieux s'en préoccupe, les évêques parlent à leurs diocésains de l'indigence extrême du Père commun des fidèles, et soudain de toutes les parties de l'univers lui arrivent les dons spontanés des chétiens. La joie du Pontife s'accroît de l'affection de ses enfants ; il est pauvre, l'hérésie des temps modernes l'a injustement spolié de ses plus riches provinces, elle convoite ce qui lui reste, qui donc osera museler cette bête féroce et la contraindre à reculer ? La petite armée de l'Eglise ne saurait suffire à cette tâche difficile ; mais Dieu a mis son glaive aux mains de la puissante nation des Francs.

Partis des côtes de Provence, d'innombrables vaisseaux chargés de vaillants soldats abordent sur les rives de la Péninsule, et le drapeau français reparaît sur les murs de Civita-Vecchia et de Rome. C'en est assez, la révolution frémit de colère et de rage, mais elle fuit épouvantée après la glorieuse bataille de Mentana, où les soldats de la France ont combattu côte à côte avec les invincibles défenseurs de l'immortel Pie IX.

Le saint vieillard du Vatican a tressailli d'allégresse et de bonheur, sa voix a éclaté en actions de grâces envers la divine Providence, dont la vive sollicitude se manifeste incessamment en sa faveur, et de sa bouche vénérée, il a laissé tomber ces admirables paroles : « Au milieu de tant de misères qui » nous environnent, parmi tant d'angoisses que » suscite le démon pour exercer notre patience et » pour troubler la paix des bons, misères et an» goisses qu'il vaut mieux indiquer en général que » de les énumérer, c'est pour Nous une grande con» solation de voir, entendre et lire deux choses qui » sont l'étonnement de toute l'Europe, savoir : la » fidélité et l'héroïsme de nos troupes et le sincère » attachement des sujets pour le Saint-Siége et pour » le Vicaire de Jésus-Christ, si indigne que soit ac» tuellement ce Vicaire.

» Que Dieu soit béni ! Dieu qui compâtit à nos
» tribulations présentes, qui rassure notre faiblesse
» et ne nous fait boire qu'avec mesure dans ce calice
» d'amertume, *potum dabit in lacrymis,* mais *cum
» mensurâ.* Je le prie de vouloir bien répandre sur
» vous ses grâces spéciales. Que vous retrouviez dans
» vos familles l'affection que vous portez au Père
» commun des fidèles. Je prie Dieu de vous accom-
» pagner de ses bénédictions et de confirmer en
» vous les sentiments que vous avez manifestés par
» vos sacrifices en ces jours de désolation et de
» crainte. Que Dieu donc vous bénisse dans votre
» corps, dans votre âme, dans vos biens, dans vos
» peines, dans vos travaux, afin que bénis dans le
» temps, vous vous rendiez de plus en plus dignes
» de le bénir dans l'éternité. »

Mais dans l'âme du Pontife-Roi, aux joies du
triomphe succèdent la douleur et les larmes sur
ceux de ses enfants qui ne sont plus. Il pleure sur
la félonie et la trahison des uns, sur la faiblesse et
l'inconstance des autres. « Ils m'ont injustement
» persécuté, s'écrie-t-il avec le prophète royal, ils
» m'ont affligé et je suis tombé dans la dernière
» humiliation. Seigneur, vous savez tout; mon désir
» et mes gémissements ne vous sont point cachés.
» Mon cœur est plein de trouble et mon âme est
» défaillante. Ceux en qui je mettais ma confiance
» se sont éloignés de moi, et ceux qui voulaient me
» faire mourir ont usé de violence envers moi...
» D'autres me tendaient des piéges et tenaient contre
» moi d'indignes et outrageants propos. Pour moi,
» j'ai feint de ne pas entendre, et, semblable au muet,
» je n'ai point essayé de leur répondre, parce que
» ma confiance est toute en vous, Seigneur ; heu-

» reux de ma faiblesse, ils entonnaient un chant de
» victoire ; mais ils n'auront jamais la joie de me
» vaincre. Vivants encore, ils se fortifient de plus
» en plus contre moi ; le nombre de mes persécu-
» teurs s'est considérablement accru. Ils me rendent
» le mal pour le bien et ils voudraient m'accabler
» sous le poids de leurs calomnies parce que je tiens
» invinciblement pour le bon droit. Ne m'abandonnez
» pas, Seigneur, mon Dieu, ne vous retirez pas de
» moi, hâtez-vous de me secourir ; vous êtes, Sei-
» gneur, mon unique espérance, le Dieu de mon
» salut *(Ps. 33).* »

Le glorieux Pontife pleure sur la mort des vaillants
guerriers qui sont glorieusement tombés sur le champ
de bataille. Oh ! pour ceux-ci, ses larmes sont pleines
de tendresse et de gratitude ; il prie et fait faire
pour eux de solennelles prières. Le deuil des familles
frappées dans la personne de ces jeunes héros devient
le deuil de l'Eglise universelle. Ici, les pleurs et les
regrets sont sincères, puisque tous ceux que la mort
a frappés sont les enfants d'une seule et même famille dont Jésus-Christ est le Chef et le Père.

Soyez donc consolée, noble et pieuse famille, la
mort glorieuse de votre frère fera resplendir votre
nom d'un nouvel éclat ; il était, il est vrai, l'unique
représentant de ce nom illustré par les armes ; mais
votre nom sera désormais gravé dans les fastes impé-
rissables de l'Eglise. Non, jamais il ne tombera dans
l'oubli le nom de ce jeune martyr tombé sous les
balles meurtrières des ennemis de sa foi. Arthur de
Veaux survivra aux révolutions des empires, son

nom sera vivant au ciel et sur la terre, *in memoria æterna erit justus,* la mémoire du juste est éternelle. Vous le perdez ici-bas, il n'est plus au milieu de vous, vous ne le voyez plus, vous ne l'entendez plus, mais il vit et vous le retrouverez triomphant, couronné de gloire et d'immortalité sur les collines éternelles de la Jérusalem céleste. — AMEN.

Périgueux. Imprimerie J. BOUNET, cours Michel-Montaigne, 24.

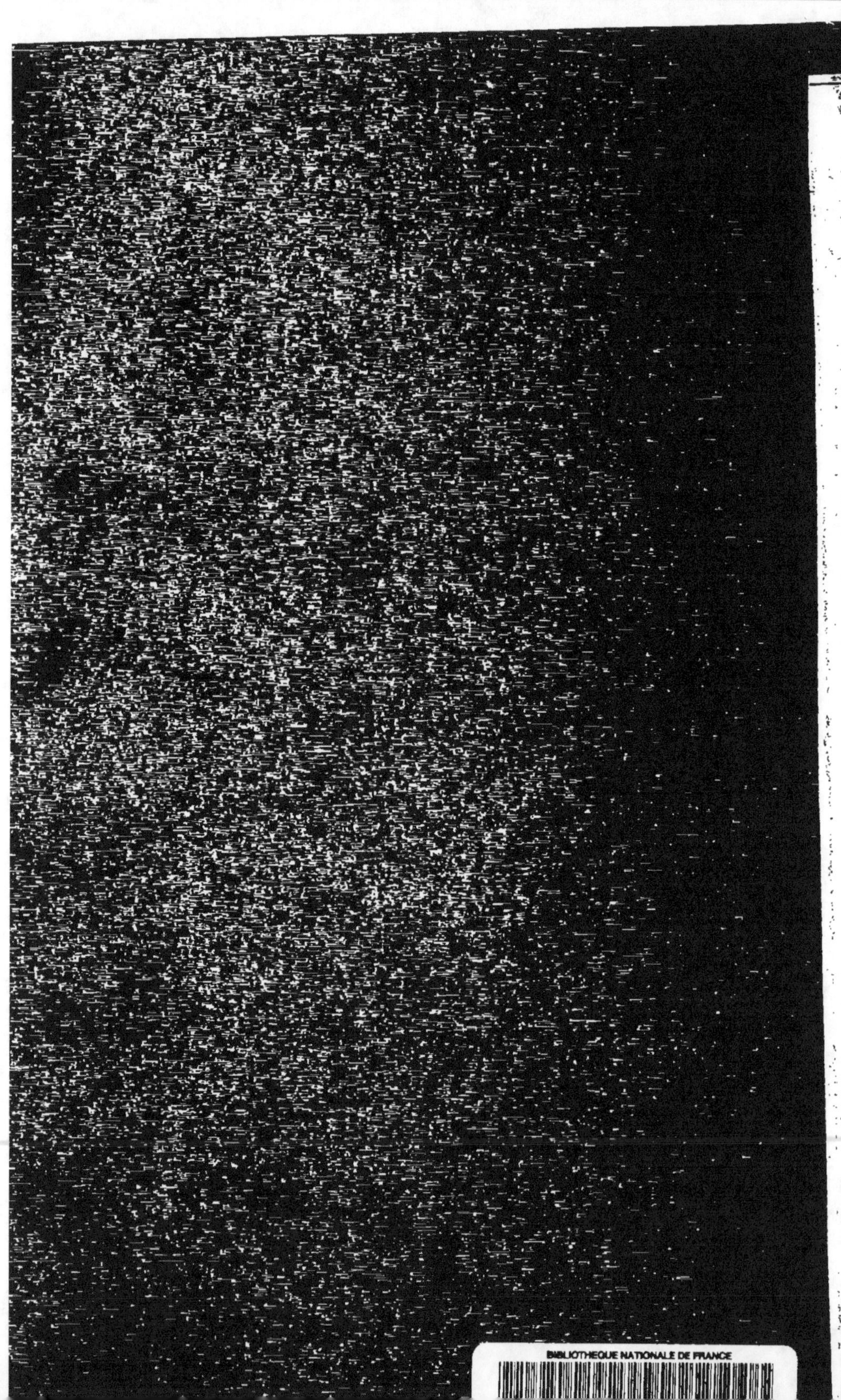